AF338974

FRANÇAIS, AU RHIN!..

Bruxelles. — Imp. de E. WITTMANN, rue de la Pompe, 8.

FRANÇAIS

AU RHIN!!!

A

L'EMPEREUR NAPOLÉON III

PAR M. T***.

Prix : 50 Centimes.

BRUXELLES

LIBRAIRIE CENTRALE DE A. ROZEZ FILS

PASSAGE DE LA MONNAIE, 10 ET 12

1869

A

L'EMPEREUR NAPOLÉON III

—————

Sire,

L'Europe assiste en ce moment à l'un des spectacles les plus solennels et tout à la fois les plus désolants qu'elle ait jamais contemplés : celui de la France livrée à tous les hasards d'une licence politique plus voisine du despotisme que de la liberté, et n'attendant même plus la protection et le salut d'un pouvoir dont la seule raison d'être résidait dans sa force contre la voyoucratie révolutionnaire.

Placée à l'un de ces sommets beaucoup trop élevés d'où l'on ne discerne que vaguement ce qui est l'évidence même, Votre Majesté ignore-t-elle donc la situation actuelle? — Ou bien, ne la connaissant que par les rapports frelatés de ses valets à portefeuille, lui assigne-t-elle pour causes immédiates ce qui n'est en réalité que la résultante logique de la seule vraie cause?

Toujours est-il, Sire, que, d'un bout de l'Europe à l'autre, tous les regards sont aujourd'hui braqués sur Compiègne, comme il y a deux siècles sur Versailles ; comme il y a 50 ans, et bien plus près de nous, sur les Tuileries et Saint-Cloud, alors que le Destin se manifestait par un geste de Louis XIV, de Napoléon Ier ou de Napoléon III.

Seulement..... l'expression de ces regards a bien changé :

A la crainte, mêlée de respect et d'admiration, a succédé, il faut bien le dire, une anxiété dédaigneuse.

— Que va-t-il faire? — Comment se tirera-t-il de là? — Ça ne peut pas durer longtemps...

Telle est, Sire, la préoccupation générale des esprits, préoccupation où les intérêts tiennent pour le moins autant de place que la curiosité, puisque, depuis trois années, par le fait de la politique alizée qui souffle de Paris, le commerce et l'industrie sont partout frappés d'une atonie désastreuse.

L'Europe a raison :

Non! cette situation ne peut durer longtemps. — Mais qu'allez-vous faire, Sire, pour y mettre un terme? Car, à moins d'être frappé d'une impuissance apocalyptique, c'est à vous que revient le droit et qu'incombe le devoir de *parler* et surtout d'AGIR.

Et il n'est que temps, si Votre Majesté veut faire mentir les prophètes de pacotille qui déjà proclament 1869 la sœur de 1830 et de 1848.

Il faut donc agir, agir promptement, énergiquement et sûrement.

Dans quel sens?... C'est ce que votre haute sagacité, Sire, vous eût, certes, depuis longtemps déjà révélé, si vous aviez conscience de la gravité de la crise et des causes qui l'ont déterminée.

Sire, vous souvient-il de certain discours d'Auxerre, où vous proclamâtes solennellement votre mépris redoutable pour les suppôts des Traités de 1815 ?

La prédiction du vieux Palmerston : « *La Prusse est la meule sur laquelle s'usera l'Autriche* » était alors sur le point de se vérifier. Mais une grande nation, incarnée dans un homme, était là, qui d'un mot pouvait et devait se constituer l'arbitre de la situation. Cette nation, c'était la France ; cet homme, c'était l'empereur Napoléon III.

Le *Si* de la grande Catherine était enfin devenu pour vous un glorieux axiôme : PAS UN COUP DE CANON NE POUVAIT SE TIRER EN EUROPE SANS VOTRE PERMISSION.

Le monde entier comprit ainsi la grandeur du rôle dévolu par une merveilleuse fortune à l'ex-prisonnier de Ham, lorsque le télégraphe eut transmis vos fières paroles d'Auxerre aux quatre points cardinaux.

Il y eut alors une exclamation universelle : — joie ici, dépit là-bas, rage plus loin, admiration partout : — IL A LE RHIN !

Et la France tressaillit dans son orgueil, comme aux plus beaux jours de son histoire.

Mais il y a plus, Sire :

Le signataire de cette lettre était alors de passage dans une grande ville de l'Union américaine, où la proscription, volontaire ou contrainte, comptait en grand nombre ses membres les plus énergiques, les plus *irréconciliables*, pour employer le mot du jour.

Eh bien ! aussitôt que la substance de votre discours d'Auxerre y parvint, ces 3 ou 400 farouches républicains, la plupart ex-déportés à Cayenne, pour avoir combattu le Deux Décembre, sentirent leur haine politique et leurs ressentiments personnels se fondre, en quelque sorte, à la pensée de la grandeur acquise à la patrie par leur mortel ennemi.

Et dans les rues, au cercle, dans les cafés, ils s'abordaient joyeux, ces exilés : « *Grande nouvelle ! Il a le Rhin ! Rendons-lui justice :* c'est un grand homme !

Et l'on s'embrassait, et l'on buvait : *Au Rhin !*

Peu s'en fallut que ces victimes de Louis-Bonaparte ne criassent : *Vive l'Empereur !*

Ah ! Sire, ce jour-là, vous fûtes réellement l'empereur des Français, de tous les Français : vous aviez le Rhin !

.   .   .   .

Un cruel retour de cette popularité si précieuse vous dit assez aujourd'hui, peut-être un peu tard, qu'il fallait saisir le Rhin et le garder, et devenir ainsi l'arbitre redouté de l'Europe, au lieu d'en être la risée.

Le peuple français absout facilement — beaucoup trop facilement — le séquestre de ses libertés, l'exil de ses enfants et toutes les rigueurs qui s'abritent sous la *raison d'État ;* mais c'est à la condition expresse que l'exécuteur responsable de ces rigueurs soit à l'étranger son glorieux porte-drapeau.

Sinon, non !

Vous aviez le Rhin !

Il dépendait de vous de réaliser, sans même risquer une bataille, le rêve de tous nos grands hommes d'État depuis Charlemagne.

Le Rhin ! c'est-à-dire la prépondérance indiscutée de la France en Europe, et son rayonnement pacifique et fécondant sur le monde entier !

Alors, Sire, qui donc eût songé à vous arracher une autorité dont l'usage eût fait de la France la première des nations, la pacificatrice de l'univers ?

Toutes les haines de partis, les rancunes privées, et jusqu'aux revendications de la conscience humaine se fussent tues devant ce grand fait national : la restitution de nos frontières naturelles. Et la reconnaissance pour le prince qui l'eût accompli se fût traduite par une soumission absolue à ses volontés, même à ses caprices. — Abdication moins dangereuse, à tout prendre, pour l'avenir de la Liberté, que les honteuses ripailles auxquelles se livre en ce moment la démagogie parisienne.

Non, Sire, quoi qu'en disent les clameurs de la presse libérâtre et des assemblées populacières, ce n'est pas contre le Deux-Décembre et le despotisme impérial que le pays se redresse aujourd'hui. Non !

Décembre et tout ce qui en est découlé, pendant quinze ans d'un règne absolu, la France, bonne fille au fond, quand il ne s'agit que de ses affaires de ménage, vous l'eût de grand cœur pardonné, si le 3 juillet 1866 eût été un Sadowa français, au lieu d'être un Sadowa prussien.

SADOWA !... — Voilà le grand, le vrai, le seul mot de la situation dont nous gémissons.

Sire, sachez-le bien : ce qu'on a pompeusement appelé le réveil de l'opinion publique : — les audaces de la gauche ; les oseries du tiers-parti ; les insolences de la presse ; l'usage terrible que l'on a fait contre vous des demi-libertés que vous n'avez d'ailleurs concédées (convenez-en) que pour adoucir l'irritation des Français après la reculade de 1866 ; les élections radicales de mai ; celles plus radicales encore de novembre ; les aboiements de la vile multitude dans les meetings publics et privés ; l'évocation — Dieu sait dans quel langage ! des faits historiques que je viens de rappeler ; le retour triomphal, dans ce Paris fulminant, des personnifications les plus éminentes du principe républicain ; enfin, ce cri — faut-il dire ce vœu ? « *A bas l'Empire ! Vive la République !* » qui se répercute de toutes parts, sans que vos agents, depuis le ministre jusqu'à l'humble argousin, osent le réprimer, — si profond est le désarroi dans votre gouvernement ! — tout cela, n'est pas, comme le disent à satiété vos amis éclairés et vos ennemis de toute nuance, l'explosion des aspirations du pays vers la Liberté, trop long-temps comprimées.

Ou plutôt, Sire, cette explosion ne se produit avec une violence et un fracas redoutables, que parce que vous n'avez pas su saisir la plus admirable opportunité de la prévenir pour jamais, en ouvrant toute grande cette soupape de sûreté du pouvoir personnel, que l'on nomme la Gloire.

Et la gloire, en 1866, c'était la conquête définitive du Rhin, c'est-à-dire la satisfaction pleine et entière à l'intérêt le plus puissant, le plus impérieux, le plus légitime de la France.

Or, vous l'avez dit vous-même, Sire : « Quand la France est satisfaite, l'Europe est tranquille. » (*Discours d'ouverture des Chambres*, 1856.)

Interrogez l'Europe, et vous saurez si la France est satis-faite en l'an 18ᵉ de l'ère impériale.....

Ah! Sire, quel vertige vous a tout-à-coup frappé sur ce chemin du Rhin, libre de toute entrave et où, d'ailleurs, la grande nation, la France de Fontenoy, de Valmy et d'Iéna, tout entière en armes, vous eût suivi, s'il l'eût fallu, aux cris frénétiques de : *Vive l'Empereur !*

? .   .   .   .

Je ne veux pas m'arrêter à certaines indiscrétions très-autorisées, d'après lesquelles le pile-ou-face de certain ministre, sur les fonds allemands, à cette époque, n'est pas étranger à l'abaissement de la France devant la Prusse.

Peut-être les « angoisses patriotiques » de hauts person-nages de votre intimité ne furent-elles, en définitive, que des angoisses de Bourse?

Passons !

Toujours est-il, Sire, que de Sadowa date votre déca-dence.

La nation, déjà mécontente de votre attitude par trop complaisante dans les affaires d'Italie et de Pologne (dont votre Majesté n'aurait jamais dû se mêler); froissée dans son amour-propre et lésée dans ses intérêts matériels par la tournure désastreuse que prenait l'expédition du Mexique, — la plus belle de vos conceptions, soit! mais la plus sottement exécutée de toutes; — la nation, dis-je, attendait sur le Rhin une revanche éclatante de ces demi-affronts multipliés. Elle y croyait...

Et vous, Sire, par la bouche vice-auguste de votre ministre d'État, vous lui présentez quoi?..... la *théorie des trois tronçons!* c'est-à-dire une mystification, un éclat de rire teuton!

C'en était trop, Sire.

Votre prestige sur l'esprit de ce peuple qui veut pour le gouverner un bras de fer, mais un bras capable au besoin de se lever et de retomber lourdement sur l'insolent étranger — Gortschakoff, Seward ou Bismark — votre prestige était évanoui.

Que fallait-il, pourtant, pour le faire revivre?

Réparer la faute qui l'avait fait perdre — faute énorme, mais non point irremédiable: — aller au Rhin et demander à la vaillance de notre armée, soutenue par le pays tout entier, ce que votre diplomatie avait laissé si misérablement échapper.

Telle était la seule conduite logique pour ressaisir ce prestige, âme de tout despotisme, qui vous échappait.

Vous, Sire, qu'avez-vous fait?

Juste au moment où votre gouvernement prêtait comme jamais le flanc à la critique amère, implacable, et, cette fois, vraiment patriotique; à l'heure où l'opposition contre vous revêtait le manteau du salut public et devenait, par conséquent, un devoir pour tout bon citoyen; à l'heure où tous les haineux, les fielleux, vrais ou faux frères, patriotes ou sectaires, brûlaient de vous attaquer à coups de plume en attendant de vous combattre à coups de fusil, — vous écrivez cette trop fameuse *Lettre du 19 Janvier*, point de départ d'un régime bâtard qui n'est ni la liberté avec ses larges franchises, ni l'autorité avec sa fière indépendance, et qui, comportant tous les inconvénients de ces deux systèmes, sans en avoir aucun des avantages, mécontente les partisans de l'un et de l'autre.

Eh quoi! n'était-ce donc pas assez d'avoir *manqué le coche* du Rhin en 1866? Fallait-il encore fournir à vos ennemis les moyens de vous le jeter sans cesse à la face, en leur restituant les armes que, depuis quinze ans, vous leur aviez prudemment confisquées, et dont ils devaient évidemment se servir pour vous harceler à outrance, du moment où vous ne les leur rendiez que la main forcée, en apparence du moins, par des revers politiques?

Ah! Sire, quel aveuglement!...

Quos vult perdere Jupiter, dementat!

Que, triomphant par la paix ou la guerre, arbitre incontesté de l'Europe, vous eussiez rendu à la France, étendue par vous jusqu'au Rhin, non pas cette licence liberticide qui semble renaître et vouloir triompher sur les débris du second Empire, — mais la vraie liberté, inséparable de l'ordre public et du respect des lois : c'eût été là un acte magnanime et de haute politique, dont votre dynastie eût récolté les fruits de compte-à-demi avec la nation.

Fondateur de l'Unité française, vous eussiez ajouté à ce titre déjà si beau celui non moins glorieux de *Fondateur de la Liberté française*. Alors, c'eût été grand!

Et si quelque vieil évaporé des anciens jours avait évoqué le 24 Février et le Deux-Décembre, on l'eût traité de rabâcheur, et sa voix se fût perdue dans l'hosannah universel qui, de Mayence à Nice, eût acclamé le Napoléon de la Paix.

Mais c'est au lendemain d'une sanglante humiliation, d'un abaissement sans exemple dans notre histoire; c'est alors que la Prusse, après avoir battu la France sur le dos de l'Autriche, à Sadowa, nargue insolemment Votre Impériale Majesté, avec 1,400,000 hommes, à deux journées de Paris, que, mentant à la logique de votre principe, vous passez la main sur l'échine de ce peuple valeureux blessé au cœur par le fusil à aiguille, et que vous lui dites :

— « Voyons, Jacques Bonhomme, calme-toi ! Il est vrai que j'ai laissé la Prusse prendre ta place en Europe et que tu n'es plus, grâce à moi ! qu'une puissance de troisième ordre ; mais voici, pour te dédommager, une tranche de cette liberté dont tu étais si friand jadis. Là, régale-toi, mon garçon, et ne m'agace plus avec les frontières du Rhin. Nous en recauserons plus tard. »

Eh bien ! Sire, ce fut là — les faits l'attestent tristement — ce fut là une faute à l'intérieur non moins grave que celle commise six mois auparavant à l'extérieur.

En effet (et je n'en veux pour preuve que la nouvelle loi militaire), Votre Majesté songeait sérieusement à venger le désastre de Sadowa, à quelque prix que ce fût.

Mais la coalition des libéraux de toutes couleurs et de tous plumages comprit que le jour où vous conduiriez victorieusement 200,000 hommes sur le Rhin, ce jour-là, le peuple, oubliant ses griefs et votre impéritie en 1866, crierait à pleins poumons : « *Vive l'Empereur !* » — Dès lors, s'armant de la demi-liberté de presse et de réunion si inopportunément concédée, républicains de la veille et du lendemain, ultras et modérés ; orléanistes et légitimistes ; les naïfs comme les habiles, les intègres comme les vendus, unis dans une pensée commune : la chûte de l'Empire — que la conquête du Rhin eût reconsolidé, — prirent pour mot d'ordre, pour consigne, cette devise perfide, anti-nationale,

mais à laquelle le goujon populaire devait infailliblement
mordre :

« *Tout* PAR LA PAIX, *pour la Liberté !* »

Résolus à vous renverser *à tout prix*, messieurs de l'opposition prétendue libérale n'ont pas trouvé de meilleur, de
plus sûr moyen que de prêcher et d'imposer la *Paix à tout
prix*, eux qui n'ont pas assez de dédains pour cette royale
famille d'Orléans, coupable de n'avoir pas sacrifié cent
mille hommes, un milliard et la paix du monde à une
puérile question de vanité chauvine, dans la ridicule affaire
Pritchard !

Êtes-vous édifié, Sire?...

Et que croyez-vous devoir faire pour conjurer l'orage,
qui menace non-seulement de pulvériser votre trône, mais
de plonger la France dans les ténèbres d'une anarchie gro-
tesque et terrible tout à la fois, et de faire ainsi le jeu des
convoitises étrangères?

Car c'est là ce qui nous importe, à nous Français qui
plaçons la grandeur, la sécurité de notre patrie au-dessus
de nos préférences et de nos rancunes politiques.

Les gouvernements changent : la patrie reste?— Et nous
ne voyons que la patrie.

Sire, les minutes sont comptées : plus d'atermoiements!
plus d'hésitations! plus de demi-mesures!

Redressez-vous, Sire, et frappez juste et fort!

Bien convaincu que tous les replâtrages ministériels,
avec ou sans M. de Forcade, plus ou moins M. Émile Olli-
vier, ne serviraient de rien ; que, dussiez-vous décréter
demain la liberté comme aux États-Unis, ce contre-sens
monarchique ne ferait que précipiter votre chute, sans donner
à la France la sécurité territoriale qui lui manque depuis
Sadowa, — Sire, n'hésitez pas !

Rentrez dans la logique de votre principe, qui aujourd'hui
se lie si étroitement avec la logique du principe national :

ressaisissez hardiment la dictature, sans réticences hypocrites, comme au lendemain de Décembre.

Qu'à l'heure même où la police s'assurera (sans les molester) de tous ces braillards de la presse et des clubs, qui livreraient la France à M. de Bismark, par haine systématique de l'Empire, l'armée française marche sur le Rhin, sans autre déclaration de guerre que la raison de salut public — *Salus populi supremâ lex !* — Et le pays, croyez-le, Sire, à cette heure solennelle, se ralliera une fois encore à vous. Et toutes les clameurs des sombres jours cesseront comme par enchantement, au son de la *Marseillaise* et du *Chant du Départ* allant réveiller les vieux échos du grand fleuve français.

En guerre, Sire ! au Rhin ! Il y va du salut de la France. Neveu d'Iéna, au Rhin !

Et toute la nation vous accompagnera de ses vœux, prête à se lever comme un seul homme, au moindre échec, et à rallier vos aigles pour écraser l'insolence prussienne !

Et lorsque vous reviendrez, vainqueur et conquérant du Rhin, aux acclamations de cette France ivre de joie d'avoir recouvré son prestige séculaire, déposez ce pouvoir exceptionnel, cette dictature, nécessaire hier, mais dont l'usage ne saurait se prolonger désormais au-delà du terme rigoureusement voulu par le Salut public.

Convoquez le peuple dans ses comices, et franchement, loyalement, sans bizeauter le suffrage universel, demandez-lui si — *oui* ou *non* — la France entend remettre de nouveau le soin de ses destinées, celui de fonder sa liberté, après avoir assuré son unité géographique, à la dynastie des Napoléon.

Ah ! pour qui le connaît, ce peuple français, sa réponse, au lendemain d'une victoire éclatante, ne serait pas douteuse : il dirait Oui ! par acclamation.

Mais, en admettant — ce que j'ai le regret de nier — que le sens politique, la science du *self-government* se fût assez développée en France depuis le 19 Janvier, pour que le scrutin répondît *Non!* eh bien! Sire, vous offririez au monde le spectacle sublime d'un souverain absolu, d'un César qui, après avoir réparé une grande faute et reconquis tout son prestige, abdique, dans son triomphe, devant la volonté nationale.

Alors, l'Histoire ne sera que juste en vous décernant le surnom de *Grand*.

En guerre, Sire!

Français, au Rhin!...